Caperucita Roja y Los Peligros de la Suplantación de Identidad

Cuentos de Ciberseguridad para Aprender y Colorear

Derechos Reservados © 2020 por Sandra Estok, MBA, GIAC-GSLC, CIPM - Fundadora de Way2Protect

Adaptación de la historia por Elisha Fernández y Sandra Estok

Desarrollo y estrategia de la historia por Elayna Fernández

Ilustraciones de Elisha Fernández

Traducido por Elisha Fernández

Diseño de portada de SocialClose Media Agency con ilustraciones de Elisha Fernández

Publicado por thePositiveMOM.com

Dedicado a Eliana.
¡Eres un sol en mi vida!

Érase una vez, una niña inocente y dulce. Siempre que salía de casa, la niña se vestía con una sedosa capa roja, por lo que todos en su pueblo la llamaban cariñosamente Caperucita Roja.

Caperucita Roja siempre llevaba una canasta con su teléfono móvil y traía audífonos para escuchar su música favorita.

Caperucita Roja vivía con su madre cerca de un bonito y frondoso bosque verde, y a menudo conversaban por video llamada con su abuela, que vivía en una ciudad cercana.

Un día, la abuela de Caperucita la invitó a quedarse con ella durante el fin de semana. La niña estaba muy emocionada ¡porque su abuela era su persona favorita en todo el mundo!

La madre de Caperucita pensó que la fiesta de pijamas del fin de semana era una gran idea, así que ayudó a su hija a empacar la ropa y artículos necesarios, además de algunos bocadillos saludables para llevarle a su abuela.

Caperucita Roja se conectó en línea para publicar en FairyBook lo emocionada que estaba de visitar a su abuela. FairyBook era la plataforma de redes sociales más popular que usaban todas las personas chéveres. Agregó el nombre de la ciudad en la que vivía su abuela como ubicación para su publicación y etiquetó a su madre.

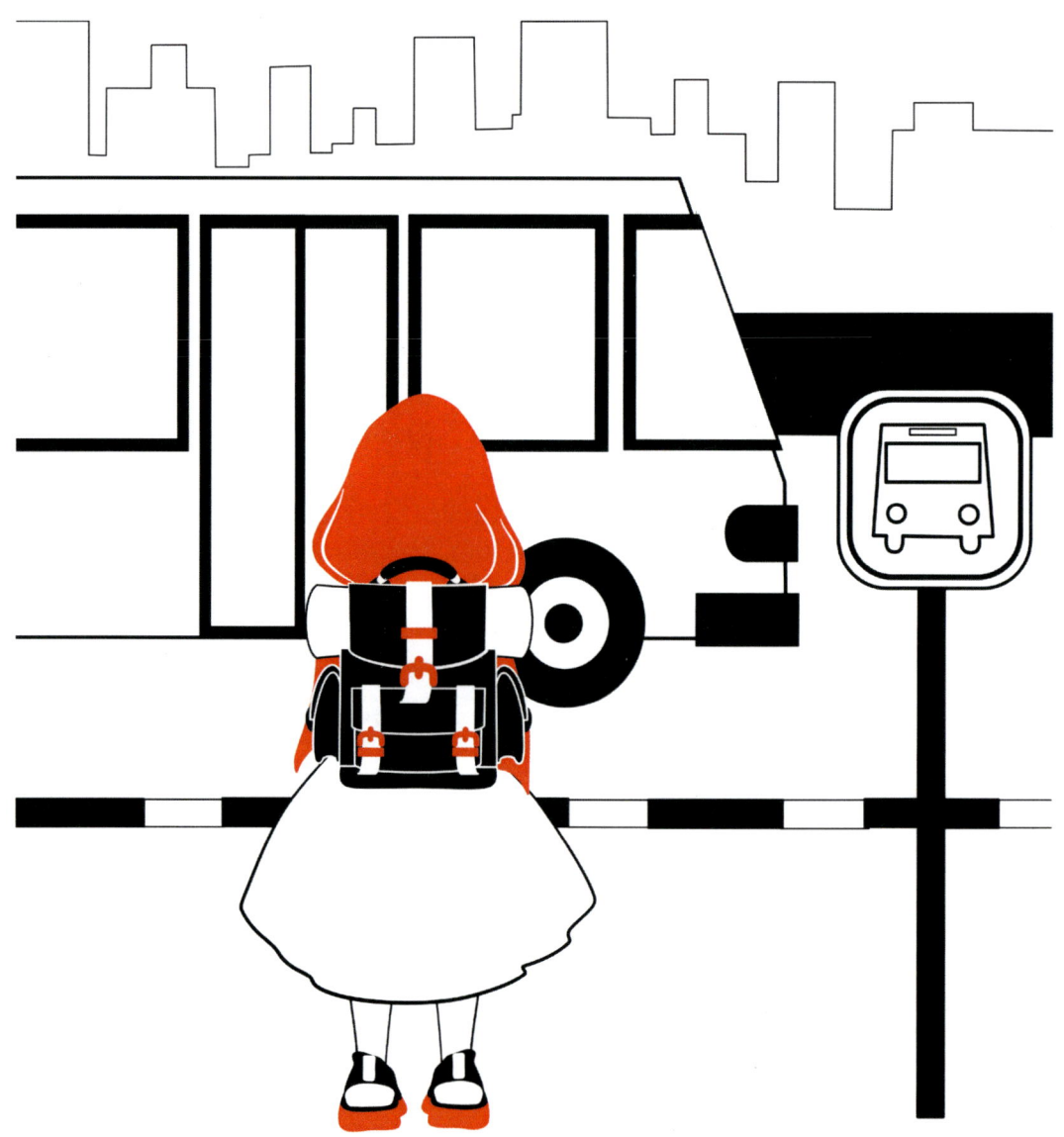

Al día siguiente, Caperucita Roja se puso su capa roja, y justo cuando estaba a punto de caminar hacia la parada del autobús, su madre se acercó a ella y le indicó:

"Recuerda, ve directamente a la casa de la abuela. No te distraigas. Envíame un mensaje de texto si necesitas algo. ¡Y por favor no hables con extraños!"

"No te preocupes, mamá", suspiró Caperucita Roja, "¡Lo sé! Tendré cuidado."

Pero cuando Caperucita Roja subió al autobús, se puso los audífonos y comenzó a escuchar su canción favorita. Muy pronto, dejó de estar consciente de su entorno.

De repente, recibió una palmada en el hombro y notó que alguien quería llamar su atención.

Caperucita Roja no pensó en el consejo de su madre sobre no hablar con extraños. Esta mujer no parecía uno de esos peligrosos extraños de los que su madre le advirtió. Ella parecía tan agradable que terminaron hablando durante casi media hora. ¡Fue tan fácil hablar con ella!

Caperucita le dijo de dónde era, dónde iba a la escuela y todo lo que amaba de su abuela.

Después de que la nueva amiga de Caperucita se bajó del autobús, Caperucita Roja exclamó.

¡Oh no! ¡Ya pasamos mi parada!

Rápidamente se bajó en la siguiente parada y comenzó a buscar otro autobús para tomar antes de que fuera demasiado tarde. Justo cuando llegó a un banco cerca de la parada, se sentó, exhausta.

Caperucita Roja le envió un mensaje de texto a su mamá: "¡Me pasé de la parada, pero ya casi llego!"

Su mamá rápidamente respondió: "¡Está bien, cariño, avísame cuando llegues sana y salva! ¡Te amo!"

La niña respondió: "¡Yo también te amo!"

En ese momento, Caperucita recibió una notificación de FairyBook.

"¿Un mensaje? ¿Quién podría ser?" se preguntó.

Ella no era amiga de esta persona, pero hizo clic en el mensaje de todos modos.

"¡Hola mi hermosa nieta!" leyó.

"¡No sabía que abuelielita tenía un FairyBook! ¡Apenas puede usar su horno digital!" Caperucita se dijo a sí misma.

Caperucita Roja revisó el perfil y, efectivamente... ¡La foto de su abuela estaba allí!

"¡Hola, nana! ¿Desde cuándo tienes FairyBook?"

¡Otro mensaje!

"Lo acabo de crear. ¡Estoy emocionada de verte pronto!"

"¡Vaya, abuela, qué habilidad para escribir tan rápido tienes!"

"Para hablarte mejor, querida."

"Estoy esperando la parada del autobús para llegar a tu casa. ¡Estaré allí en 5 minutos!"

"¿En qué parada de autobús estás?"

Caperucita Roja envió el nombre de la parada del autobús y, después de un par de minutos, otro sonido le hizo saber que la abuela respondió.

"Estaba en la tienda, y ya voy camino a casa, querida. Podemos encontrarnos y viajar de regreso juntas."

Poco sabía Caperucita Roja que no estaba hablando con su abuela para nada: la abuela estaba en su casa, cocinando la comida favorita de Caperucita: ¡PIZZA! Y esperando pacientemente a que llegara su querida (y única) nieta.

Caperucita Roja en realidad estaba hablando con un suplantador de identidad, el cual tenía planes maliciosos para cuando se encontrara con la niña en la parada del autobús. Esta persona había estado buscando hashtags y así encontró la publicación de Caperucita, enterándose de que ella iba visitar a su abuela.

Y como la mamá de Caperucita fue etiquetada, le resultó fácil a este (o esta) encontrar la foto de la abuela en su perfil de FairyBook.

En solo unos minutos, creó un perfil simple con la foto de la abuela y una dirección de correo electrónico falso. ¡Era el plan perfecto!

Desafortunadamente, Caperucita Roja cayó en la trampa.

Mientras Caperucita Roja esperaba a "su abuela" en la parada del autobús, uno de sus amigos de la escuela, Camilo Cazador, se bajó del autobús y se acercó a saludarla.

Caperucita le contó a su amigo todos los detalles de su viaje y él quedó fascinado, hasta que ella le dijo sobre el nuevo perfil de FairyBook de su abuela. Él se alarmó de inmediato.

C. Cazador, que era muy diestro en ciberseguridad, empezó a sospechar tan pronto como se enteró del hecho de que "la abuela de Caperucita" le había enviado un mensaje por primera vez y que se había ofrecido a reunirse con ella en la parada del autobús.

Él le habló a Caperucita Roja sobre las personas que suplantan y roban la identidad de otros.

"No parece que fue realmente tu abuela quien te envió un mensaje. ¡Quién sabe qué intenciones tiene quien sea que es!"

Después de una rápida conversación telefónica con su abuela, que acababa de configurar su horno digital, Caperucita Roja confirmó que su amigo tenía razón.

¡Eres un buen amigo!, le agradeció Caperucita.

C. Cazador le dió a su amiga un último consejo:

"¡Nunca hagas planes con nadie, ya sea que los conozcas o no, antes de decírselo a tu mamá!"

Caperucita Roja recordó la advertencia de su mamá y rápidamente le envió un mensaje de texto:

"Mamá, me encontré con Camilo Cazador en la parada del autobús y me enseñó que hay personas que suplantan y roban la identidad!

La mamá de Caperucita se sintió aliviada. Ella sugirió que Caperucita Roja y C. Cazador fueran juntos a la casa de la abuela.

Caperucita Roja y C. Cazador llegaron y la abuela estaba tan feliz de verlos.
La abuelita lo invitó a quedarse a almorzar y le dijo a Caperucita que tenía que tener cuidado cada vez que alguien le enviaba un mensaje.

Caperucita Roja entró a su cuenta de FairyBook para reportar y bloquear el perfil falso del suplantador o suplantadora de identidad.

C. Cazador les enseñó a Caperucita Roja y a su abuela todas las configuraciones de privacidad que estaban disponibles para ellas, y Caperucita hizo todos los cambios necesarios para mejorar su privacidad y seguridad en esa red social.

La abuela de Caperucita le guiñó un ojo a C. Cazador y bromeó:

"Bueno, todavía no estoy interesada en una cuenta de FairyBook, ¡pero ahora sé dónde ir si necesito ayuda para crear una!

Cuando Caperucita Roja regresó a casa, su madre le explicó que lo que hace en línea le impacta en la vida real, tal como compartir su ubicación, etiquetar personas, y todo lo que ella comparte.

Su madre también le enseñó que lo que hace en la vida real también le afecta en línea, tal como compartir su información en un autobús público con alguien que no conoce, especialmente mientras otras personas están escuchando.

Caperucita Roja abrazó a su mamá y le agradeció por protegerla y ayudarla a mantenerse sana y salva.

¡Y todos vivieron Ciber Felices Para Siempre!

Made in United States
Orlando, FL
30 September 2023